LA
CURA BIBLICA
PARA LA

DIABETES

VERDADES ANTIGUAS

REMEDIOS NATURALES Y LOS

 ÚLTIMOS HALLAZGOS

PARA SU SALUD

DON COLBERT, DR. EN MED.

La cura bíblica para la diabetes
por Don Colbert, Dr. en Med.

Publicado por Casa Creación
Una compañía de Strang Communications
600 Rinehart Road
Lake Mary, Florida 32746
www.casacreacion.com

A menos que se indique lo contrario, todos los textos bíblicos han sido tomados de la Versión Reina-Valera de 1960.

ISBN: 978-0-88419-800-0

08 09 10 11   15 14 13 12 11

Impreso en los Estados Unidos de Norteamérica

Hay esperanza para la diabetes

Dios desea que usted se sienta mejor y que viva más años, y Él le ayudará a que alcance ese objetivo. Al tomar en sus manos este librito de cura bíblica, ha dado el primer paso emocionante hacia la energía renovada, la salud y el vigor.

Usted puede verse frente al más grande reto físico de su vida. Pero con fe en Dios y una buena nutrición, combinada con remedios naturales alternos de avanzada, ¡estoy convencido que será su mayor victoria! Dios reveló su voluntad divina para cada uno de nosotros por medio del apóstol Juan, quien escribió: «Amado, yo deseo que tú seas prosperado en todas las cosas, *y que tengas salud, así como prospera tu alma*» (3 Juan 2, énfasis añadido).

Casi dos mil años más tarde, más de 15,7 millones de estadounidenses sufren de una enfermedad llamada diabetes, ¡y una tercera parte de ellos ni siquiera lo saben! Esta enfermedad es la séptima causa mayor de muerte en los Estados Unidos.[1]

No hay duda de que nos estamos perdiendo lo mejor que Dios tiene para nosotros. Pero, ¿cómo? Un vistazo más de cerca revela algunas respuestas esperanzadoras. Como usted ve, su cuerpo es una obra «maravillosa y formidable», y contiene una glándula especializada llamada páncreas. Esta glándula segrega enzimas digestivas y hormonas vitales que regulan la cantidad de azúcar en la sangre.

La más conocida de estas hormonas es la insulina. El cuerpo convierte el alimento que comemos en una forma de azúcar llamada glucosa, y la distribuye a las células del cuerpo mediante el torrente sanguíneo. Cada célula es una estructura contenida en sí misma con un ambiente delicado, así que las paredes de la célula no permiten que las substancias externas entren sin una «llave» o «portero» que les abra el paso. La insulina es la llave del cuerpo que permite que la glucosa salga de la sangre y entre en una célula.

Bajo circunstancias normales, el páncreas maneja eficientemente el nivel de azúcar en nuestra sangre día tras días, y año tras año, sin incidentes. Francamente, la mayoría de las personas rara vez piensa en su páncreas, a menos que surja algún problema. Cuando el páncreas produce muy poca insulina, puede resultar una forma de diabetes. Probablemente usted conoce a alguien que padece de diabetes y que tiene que inyectarse insulina todos los días; tal vez usted sea uno de esos diabéticos. Estos individuos tienen que vigilar con todo cuidado lo que comen para evitar que les dé un ataque diabético o algo peor. Un buen tratamiento médico, una buena nutrición y otras opciones saludables en el modo de vida pueden ser útiles en el primer tipo de diabetes.

Pocas personas se dan cuenta de que existen dos diferentes tipos de diabetes. Un segundo tipo de esta dolencia, de la que hablaremos en detalle más adelante, se puede prevenir por completo o controlarla con éxito mediante una dieta saludable y alternativas sabias en la forma de vida. Sin que importe cuál tipo de diabetes tenga usted o algún ser querido suyo, Dios puede sanarlo por completo sin esfuerzo ni dificultad. He conocido muchas personas que se han curado por completo de la diabetes mediante el poder divino que obra milagros. También he sido testigo de muchos otros cuyas vidas han mejorado dramáticamente mediante opciones saludables en su estilo de vida y tratamientos naturales.

Así que, al empezar a leer las páginas de este libro, ¡alístese a sentirse mejor! Este librito de cura bíblica está lleno de esperanza y ánimo para que usted comprenda cómo mantener su cuerpo en buena condición y saludable. En este libro usted

descubrirá el plan divino de salud
para el cuerpo, el alma y el espíritu,
por medio de la medicina moderna,
la buena nutrición y el poder medicinal
de la Biblia y la oración.

En todo este libro usted hallará pasajes bíblicos clave que le ayudarán a concentrarse en el poder sanador de Dios.

Estas promesas divinas darán poder a su oración y redirigirán sus pensamientos para que se alineen con el plan divino de salud para usted; un plan que incluye victoria sobre la diabetes o su prevención completa. En este libro de cura bíblica aprenderá cómo sobreponerse a la diabetes en los siguiente capítulos:

Hay mucho que podemos hacer para prevenir o derrotar a la diabetes. Ahora es el momento de apresurarse a la batalla con confianza fresca, determinación renovada y el maravilloso conocimiento de que Dios es real, que está vivo y que su poder es más grande que cualquier enfermedad o dolencia.

Es mi oración que estas sugerencias prácticas para la salud, nutrición y condicionamiento físico le den salud a su vida. Que profundicen su comunión con Dios y fortalezcan su capacidad para adorarle y servirle.

Don Colbert, Dr. en Medicina

UNA ORACIÓN DE CURA BÍBLICA PARA USTED

Amado Padre celestial: Tú has declarado en tu Palabra que he sido sanado por las llagas que tu Hijo, Jesucristo, recibió en sus espaldas. Tu palabra dice que: «Mas Él herido fue por nuestras rebeliones, molido por nuestros pecados; el castigo de nuestra paz fue sobre Él, y por su llaga fuimos nosotros curados» (Isaías 53:5).

Padre, tu Hijo Jesús nos ha dado la autoridad de usar su nombre cuando oramos. Este es el mismo nombre mediante el cual creaste los cielos y la tierra hace mucho tiempo. En ese precioso nombre declaro que tu Palabra es verdad: Estoy curado por las heridas que Jesús llevó en sus espaldas. Sea que deba esperar un minuto, una semana, un año o toda una vida para que mi salud física sea completa, por fe te alabaré por ella como si ya estuviera completa. Te agradezco por un páncreas sano que produce y regula apropiadamente los niveles de insulina en mi cuerpo. Ayúdame a tomar decisiones sabias y seguir las pautas de tu Palabra respecto a las opciones de alimentos, estilo de vida, oración y vida mental saturada con tu Palabra viva. Gracias por oír y contestar mi oración para que yo sea libre para servirte con toda mi mente, cuerpo, alma y fuerza. Amén.

Capítulo 1

Conozca a su enemigo

Tengo buenas noticias para usted: No solo que
Dios sanó a los enfermos en los días de la
Biblia, ¡sino que todavía sana hoy! También nos ha
dado una abundancia de principios bíblicos y
conocimiento médico invaluable sobre el cuerpo
humano. Usted puede controlar los síntomas y
efectos potencialmente dañinos de la diabetes al
mismo tiempo que busca a Dios por curación total. Usted está destinado a ser más que víctima.
¡Usted está destinado a triunfar en esta batalla!

Su primera orden de batalla es *conocer a su
enemigo*. Mida sus fuerzas y planee su derrota. El
enemigo llamado diabetes se presenta en dos formas.

Diabetes Tipo 1

La diabetes Tipo 1 depende de la insulina. En este tipo el páncreas no puede hacer insulina. Aproximadamente entre el 10% y el 20% de los diabéticos tienen diabetes Tipo 1, y requieren insulina toda su vida.[1] Esta forma de enfermedad por lo general ataca durante la niñez.

Los individuos que luchan con la forma de diabetes que depende de insulina se beneficiarán grandemente con la información sobre la nutrición y las verdades bíblicas que se incluyen en este libro. Continúe siguiendo el consejo de su médico, o consúltele antes de hacer cualquier cambio en su estilo de vida o en su nutrición. Además, determine creer en que Dios, quien creó su páncreas en primer lugar, le tocará milagrosamente con su poder sanador. La palabra de

> *¿No sabéis que sois templo de Dios, y que el Espíritu de Dios mora en vosotros? Si alguno destruyere el templo de Dios, Dios le destruirá a él; porque el templo de Dios, el cual sois vosotros, santo es.*
> 1 CORINTIOS 3:16-17

Dios dice: «porque nada hay imposible para Dios» (Lucas 1.37).

Recuerde que la fe no es sentimiento o emoción; fe es una decisión. Pídale específicamente al Señor que sane su páncreas y restaure la capacidad de ese órgano para fabricar insulina o, si es necesario, pídale que cree lo que nunca estuvo allí para empezar. No deje que el desaliento le atrape; ¡para el Creador es tan fácil hacer un nuevo páncreas como reparar uno dañado!

Diabetes Tipo 2

La diabetes Tipo 2 no depende de insulina. En la diabetes Tipo 2 el páncreas hace insulina, pero el cuerpo no puede usarla apropiadamente. A esta forma de la enfermedad algunas veces se la llama diabetes de ataque adulto porque sus víctimas tienden a contraerla en su edad adulta. Sin embargo, el gusto de los Estados Unidos por una dieta de elevado contenido de azúcar y de grasa parece haber removido la barrera de la edad. La comunidad médica ahora informa que esta forma de diabetes es responsable por un creciente número de casos juveniles.

Con esta forma de diabetes, los niveles de insulina en la sangre por lo general son elevados (lo que significa que el páncreas está produciendo más insulina que lo normal). Al mismo tiempo las células sanguíneas son resistentes a la insulina porque los receptores de insulina en la superficie de estas células no funcionan apropiadamente. Ya no reconocen ni aceptan la insulina como una llave, de modo que se necesita más insulina para «forzar el asunto» para que el azúcar pueda pasar de la sangre a las células que están muriéndose de hambre. Eso significa que se necesita una cantidad excesiva de insulina para mantener el azúcar en la sangre en un nivel normal. Cuando el sistema falla, los niveles de azúcar en la sangre se elevan peligrosamente (a esto se llama hiperglicemia) mientras que las células del cuerpo se mueren por falta del azúcar de la sangre que las rodea.

Aproximadamente entre el 80% y el 90% de diabéticos son del Tipo 2, y la resistencia a la insulina es uno de los más grandes enemigos para su salud si Dios no los sana de inmediato. Este es por lo general un problema muy manejable, pero se complica por el hecho de que la obesidad es uno de los factores más importantes que conducen a la resistencia a la insulina. Eso quiere decir que las personas obesas con diabetes Tipo 2 deben librar una batalla en dos frentes: deben bajar de peso a niveles seguros mientras que también vigilan cuidadosamente y controlan los niveles de azúcar en su cuerpo. Esto quiere decir también que los diabéticos de Tipo 2 requieren:

- una dieta baja en almidón
- una dieta sin azúcar

Síntomas que usted no debe ignorar

Como con la mayoría de las enfermedades, es muy importante detectar la diabetes lo más temprano posible. Los enemigos silenciosos algunas veces inflingen el daño más grande. Afortunadamente la diabetes Tipo 2 tiene algunos síntomas inconfundibles que pueden indicarle que hay un problema que necesita atención:

- frecuencia urinaria
- sed extrema
- irritabilidad, fatiga y con frecuencia sentirse mal del estómago
- sobrepeso (definido como del 20% al 30% más arriba del peso ideal para su esqueleto, estatura y edad)

- aumento del apetito
- infecciones repetidas o difíciles de sanar en la piel, encías, vagina o vejiga
- visión borrosa
- hormigueo o pérdida de sensación en las manos o los pies
- piel seca y con picor

Algunos de estos síntomas pueden ocurrir de tiempo en tiempo sencillamente porque usted bebe demasiado líquido una noche, come alimentos picantes o se queda despierto hasta muy tarde. Sin embargo, si usted experimenta uno o más de estos síntomas regularmente, pida una cita con su médico y pídale su diagnóstico en cuanto a sus síntomas. Entonces puede aplicar a su situación las verdades de la Palabra de Dios. Sobre todo, no se deje ganar por el temor o la apatía. Jamás confunda la ignorancia o el temor por verdadera espiritualidad.

Tratable y vencible

Como con la mayoría de las enfermedades, serias complicaciones en la salud ocurren cuando alguien con diabetes no hace nada respecto a esta enfermedad tratable y vencible. Las complicaciones más serias de la diabetes incluyen la retinopatía diabética (desorden de la retina que es la principal causa de ceguera en los Estados Unidos), cataratas, neuropatía diabética (degeneración del sistema nervioso periférico que conduce a hormigueo, adormecimiento, dolor y debilidad, por lo general en las extremidades, tales como las piernas y los pies), enfermedad renal y arteriosclerosis, que es un estrechamiento de las arterias debido a los depósitos grasosos en las paredes de ellas.

> *Y dijo Dios: He aquí que os he dado toda planta que da semilla, que está sobre toda la tierra, y todo árbol en que hay fruto y que da semilla; os serán para comer. Y a toda bestia de la tierra, y a todas las aves de los cielos, y a todo lo que se arrastra sobre la tierra, en que hay vida, toda planta verde les será para comer. Y fue así.*
> GÉNESIS 1.29-30

Puesto que la diabetes afecta severamente el sistema circulatorio, puede hacer daño o sobrecargar a muchos de los órganos principales y sistemas que interactúan con el sistema circulatorio o dependen de este para su energía (alimento), eliminación de desperdicios y oxígeno. Los diabéticos, particularmente los que no controlan su insulina y niveles de azúcar en la sangre mediante una dieta apropiada, ejercicio y opciones de estilo de vida, son mucho más propensos a sufrir de enfermedades del corazón, ataques cardíacos, enfermedades renales (una de las principales causas de muerte de los diabéticos), úlceras diabéticas en los pies (por lo general debido a pobre circulación de la sangre) y enfermedades de los nervios periféricos de los pies.

Evite estas complicaciones de salud

El Instituto Nacional de Salud dice que la diabetes contribuye a las siguientes enfermedades y complicaciones de salud:[2]

- *Enfermedades cardíacas.* Esta es la principal causa de muertes relativas a la diabetes. Los adultos con diabetes mueren de enfermedades del corazón en proporción de dos a cuatro veces más alta que los adultos sin diabetes, porque la enfermedad acelera la deterioración de los vasos sanguíneos y puede estorbar grandemente el flujo de la sangre a los músculos del corazón que dependen del oxígeno.

- *Apoplejía.* El riesgo de apoplejía es de dos a cuatro veces mayor en los diabéticos porque la enfermedad afecta el sistema circulatorio total mientras que a la vez aumenta el riesgo de coágulos en la sangre en áreas sensibles, tales como el cerebro.

- *Presión arterial alta.* Se calcula que entre el 60% y el 65% de los diabéticos tienen presión arterial alta. La causa debería ser obvia, considerando los efectos de la diabetes sobre el sistema cardiovascular y circulatorio que ya se mencionó.

- *Ceguera.* La diabetes es la causa principal de nuevos casos de ceguera en adultos entre los veinte y sesenta y cuatro años de edad. La retinopatía causa de 12.000 a 24.000 casos nuevos de ceguera cada año. Estas condiciones brotan de la actividad aumentada del «sarro sanguíneo» promovida por la diabetes, cuando las partículas de sarro compuestas de grasa y otros depósitos invaden y bloquean las diminutas arterias y capilares del ojo. El flujo sanguíneo no puede llegar a las células, y a la larga mueren, causando ceguera.

- *Enfermedades renales.* La diabetes es la causa principal para la enfermedad renal de etapa final, que es responsable por alrededor del 40% de nuevos casos. En 1995, 27.851 personas con diabetes desarrollaron enfermedades renales avanzadas. El mismo año, un total de 98.872 personas con diabetes se sometieron a diálisis o tuvieron trasplantes de riñones.
- *Daño al sistema nervioso.* Alrededor del 60% al 70% de las personas con diabetes sufren de daño al sistema nervioso (llamada neuropatía diabética) de forma moderada a severa, lo que con frecuencia incluye sensación limitada o dolor en los pies o las manos, digestión retardada de la comida en el estómago, síndrome de túnel carpal y otros problemas nerviosos.
- *Amputaciones.* Formas severas de enfermedades diabéticas de los nervios son una causa principal de las amputaciones de las extremidades inferiores. Más de la mitad de las amputaciones de miembros inferiores en los Estados Unidos ocurren entre diabéticos.

Desde 1933 hasta 1995, se realizaron cada año alrededor de 67.000 amputaciones entre diabéticos. Las extremidades inferiores son más susceptibles a los problemas circulatorios causados por la diabetes sencillamente porque están más lejos del corazón. Los nutrientes y el oxígeno del torrente sanguíneo deben abrirse paso hasta una distancia mucho mayor entre vasos sanguíneos y capilares para nutrir las células de los pies y los dedos de los pies.

- *Enfermedades dentales*. Las enfermedades dentales, en forma de enfermedades periodontales (tipo de enfermedad de las encías que puede resultar en la pérdida de los dientes), ocurre con mayor frecuencia y severidad entre diabéticos. Se ha informado que la enfermedad periodontal ocurre entre el 30% de las personas de diecinueve años o mayor con diabetes Tipo 1, dependiente de insulina.

- *Complicaciones en el embarazo*. La proporción de deformaciones congénitas en los bebés nacidos de mujeres con diabetes preexistente varía de 0% al 5% entre mujeres que recibieron atención previa a la concepción.

La proporción sube al 10% entre las mujeres que no recibieron atención previa a la concepción. Entre el 3% y el 5% de embarazos entre las mujeres con diabetes resulta en la muerte del recién nacido. En los embarazos en mujeres que no sufren de diabetes esta proporción es del 1,5%.

* *Gripe y neumonía.* Los diabéticos son también más susceptibles a la gripe y a la neumonía.

Las buenas noticias

Después de leer todas estas complicaciones sombrías, tal vez se sienta como el diminuto David cuando se enfrentó al gigante de casi tres metros llamado Goliat. No se deje ganar por el miedo. Estas son las complicaciones que con mayor frecuencia afectan a los que sufren de diabetes Tipo 1 cuyos niveles de azúcar en la sangre no están controlados mediante dieta y ejercicio apropiados.

Frente a estos hechos médicos, su meta es aprovechar la riqueza de la sabiduría de la Palabra de Dios y del conocimiento médico que Él nos ha dado a través de los siglos, para evitar esas complicaciones por completo al tomar decisiones sabias. Más importante todavía, su objetivo primordial es echar mano de la sanidad que Jesús le trajo cuando sufrió bajo el látigo romano.

Edificador de fe

Mas Él herido fue por nuestras rebeliones, molido
por nuestros pecados; el castigo de nuestra paz
fue sobre Él, y por su llaga fuimos nosotros curados.

Isaías 53.5

Escriba este versículo e inserte su propio nombre
en él: «Mas Él herido fue por las rebeliones de
_____ , molido por los peca-
dos de _____ ; el castigo de la paz de
_____ fue sobre Él, y por su llaga _____ fue curado».

Escriba una oración personal a Jesucristo agrade-
ciéndole por haber cambiado su salud por su dolor.
Agradézcale por tomar sobre su propio cuerpo el poder de la enfermedad para poder comprar la curación
de su diabetes.

_____

_____

_____

Capítulo 2

Luche contra la diabetes con una buena nutrición

El mismo Dios que con habilidad diseñó su cuerpo como una increíble maquinaria viva y creó su páncreas para que produzca insulina, también diseñó el cuerpo humano para que opere en su máxima eficiencia y salud cuando se le suple de una nutrición apropiada. Si usted es diabético, ¡lo que come hace toda la diferencia en el mundo!

Pídale a Dios que le dé una nueva manera de ver a la nutrición. Se sorprenderá de la manera en que su pensamiento comenzará a cambiar en cuanto a la comida. Primero, y lo más importante, usted debe evitar comer alimentos con *alto índice de glicemia.*

¿Qué es el índice de glicemia?

El índice de glicemia mide la rapidez con que los varios carbohidratos entran en el torrente sanguíneo. Si el índice de glicemia para un alimento dado es alto, este elevará su nivel de azúcar en la sangre mucho más rápido (esto es malo). Un alto nivel de azúcar en la sangre, a su vez, elevará la cantidad de insulina que será secretada por los diabéticos de Tipo 2 para reducir el nivel de azúcar en la sangre a su punto de equilibrio.

El pan blanco tiene un índice de glicemia de 95. En términos generales, mientras más procesado es un alimento, más alto será su índice de glicemia. Esto se debe a que los alimentos procesados por lo general se desdoblan mucho más rápido durante la digestión. Por ejemplo, el pan francés tiene un índice de glicemia muy alto porque es procesado más que otros panes. Los frijoles refritos tienen un índice de glicemia más alto que los frijoles negros regulares o los frijoles colorados.

> *Por nada estéis afanosos, sino sean conocidas vuestras peticiones delante de Dios en toda oración y ruego, con acción de gracias. Y la paz de Dios, que sobrepasa todo entendimiento, guardará vuestros corazones y vuestros pensamientos en Cristo Jesús.*

Índice de glicemia de carbohidratos selectos

Mientras más alto es el índice de glicemia, más significativo será el efecto de un alimento en particular sobre el azúcar en su sangre. Haga lo mejor que pueda por evitar alimentos con números elevados.

Glucosa	100	Papas horneadas	95
Pan muy blanco	95	Papas majadas (puré)	90
Miel	90	Zanahorias	85
Cereal de maíz, palomitas de maíz	85	Cereal refinado azucarado	70
Barra de chocolate, barra de caramelo	70	Papas hervidas	70
Galletas de dulce	70	Maíz	70
Arroz blanco	70		
Pan mixto (mitad blanco, mitad grano entero)	65	Remolachas	65
Bananos	60	Mermelada	55
Fideos blancos	55	Pan de grano entero	50
Arroz de trigo	50	Guisantes (arvejas)	50
Cereal completo (sin azúcar)	50	Cereal de avena	40
Jugo fresco de frutas (sin azúcar)	40	Pan de centeno	40
Fideos de trigo	40	Productos lácteos	35
Frijoles secos	30	Lentejas	30
Garbanzos	30	Fruta fresca	30
Mermelada de fruta (sin azúcar)	25	Fructosa	20
Chocolate negro (más de 60% de cacao)	22	Soya	15
Vegetales tiernos, tomates, limones, hongos			menos de 15[1]

Los alimentos con alto índice de glicemia (es decir de 70 o más) son capaces de elevar rápidamente el azúcar en la sangre y por consiguiente los niveles de insulina. Los alimentos con altos niveles de índice de glicemia que usted debe evitar incluyen las papas instantáneas, arroz instantáneo, pan francés, pan blanco, maíz, avena, arroz blanco, pan de centeno, cereales (tales como hojuelas de maíz o arroz esponjoso), papas al horno, papas majadas, zanahorias cocinadas, glucosa (azúcar que se halla naturalmente en alimentos, tales como las frutas), miel, sacarosa (azúcar extraída naturalmente de la caña de azúcar y la remolacha), pasas, fruta seca, caramelos, galletas de sal, galletas de dulce, helados y confituras. Si usted es diabético, debe comer muy rara vez estos alimentos, o bien evitarlos por completo.

Las tortas de arroz esponjoso tienen uno de los más altos índices de glicemia, sin embargo, las personas que están en dieta los comen comúnmente. Recuerde que los alimentos de alto índice de glicemia y carbohidratos de alta densidad elevan velozmente el azúcar en la sangre, lo que eleva los niveles de insulina. Cuando esto ocurre por un tiempo prolongado, el flujo de insulina producido hace que las células de la sangre se hagan resistentes a recibirla. Se podría decir que estos alimentos de alto índice de glicemia son más dañinos que un veneno para el individuo propenso a la diabetes Tipo 2.

En las etapas tempranas de la diabetes Tipo 2, el páncreas siempre produce demasiada insulina. Conforme avanza la enfermedad, las células pancreáticas que producen insulina a la larga se agotan debido al exceso de trabajo. Los individuos con historia familiar de diabetes son mucho más propensos a contraer diabetes Tipo 2. Los patrones genéticos tanto como los hábitos alimenticios son transmitidos en familia. Después de años de comer alimentos de alto índice de glicemia, los altos niveles de insulina en los cuerpos de estos individuos finalmente se las cobran. Si esto describe a su familia, la clave para conservar su

> *Si oyeres atentamente la voz de Jehová tu Dios, e hicieres lo recto delante de sus ojos, y dieres oído a sus mandamientos, y guardares todos sus estatutos, ninguna enfermedad de las que envié a los egipcios te enviaré a ti; porque yo soy Jehová tu sanador.*
> ÉXODO 15.26

salud es evitar los alimentos de alto índice de glicemia.

Si usted ya es un diabético Tipo 2, su páncreas tal vez esté produciendo algo así como cuatro veces más insulina que un páncreas sin diabetes. La clave para corregir la resistencia de las células sanguíneas a la insulina es seguir la dieta apropiada. Usted debe reducir o evitar los almidones de alta densidad y alto índice de glicemia, tales como panes, arroz blanco, papas y maíz, y reducir las grasas, incluyendo las grasas saturadas y alimentos fritos. Si lo hace, sus células en realidad se recuperarán. Empezarán a recuperar su sensibilidad a la insulina. Usted tiene la clave.

> *Por tanto os digo: No os afanéis por vuestra vida, qué habéis de comer o qué habéis de beber; ni por vuestro cuerpo, qué habéis de vestir. ¿No es la vida más que el alimento, y el cuerpo más que el vestido? Mirad las aves del cielo, que no siembran, ni siegan, ni recogen en graneros; y vuestro Padre celestial las alimenta. ¿No valéis vosotros mucho más que ellas?*
> MATEO 6.25-26

La Biblia y las grasas

Interesantemente, la Biblia condena el comer grasas. Dios ordena: «Estatuto perpetuo será por vuestras edades, dondequiera que habitéis, que ninguna grosura ni ninguna sangre comeréis» (Levítico 3.17). Dios creó nuestros cuerpos y sabe cómo han sido diseñados para que funcionen mejor. Le animo a que use aceite de oliva extra virgen en lugar de mantequilla, crema y otras grasas. Asimismo, siempre escoja porciones de carne baja en grasa.

La fantástica fibra

Otra manera importante en que usted puede batallar contra la diabetes mediante la nutrición es aumentar la fibra en su dieta. La fibra dietética es extremadamente importante para ayudarle a controlar la diabetes. La fibra reduce la rapidez de la digestión y la absorción de carbohidratos. Esto

> *Mas a Jehová vuestro Dios serviréis, y él bendecirá tu pan y tus aguas; y yo quitaré toda enfermedad de en medio de ti.*
> ÉXODO 23.25

permite que el azúcar en la sangre suba más gradualmente.

Si usted tiene diabetes, la mayoría de las calorías de los carbohidratos que debe comer deben proceder de frutas y vegetales. Las frutas y vegetales contienen grandes cantidades de fibra. Mientras más fibra soluble haya en su dieta, mejor control del azúcar en la sangre tendrá su cuerpo.

Las fibras solubles en agua se hallan en el cereal de avena, semillas tales como el pisilio (ingrediente primordial del producto llamado Metamucil), frutas y hortalizas (especialmente manzanas y peras), frijoles y nueces. Usted debe tratar de ingerir por lo menos de 30 a 35 gramos de fibra al día. Debe también ingerir la fibra con las comidas para prevenir la elevación rápida de azúcar en la sangre.

Muchos alimentos contienen fibra dietética (la parte del alimento que resiste la digestión en el cuerpo). Comer alimentos de alto contenido de fibra no solo le ayuda a aliviar algunos problemas de la diabetes, sino que también le ayuda a reducir el colesterol e incluso prevenir las enfermedades del corazón y ciertos tipos de cáncer.

Cómo aumentar la fibra en su dieta

Usted puede tratar las siguientes ideas para aumentar la fibra en su dieta.

- Coma por lo menos cinco porciones de frutas y vegetales cada día. Las frutas y vegetales de alto contenido de fibra incluyen:

manzanas	guisantes	brécol
espinaca	bayas	peras
col de Bruselas	frijoles (todo tipo)	nabos
ciruelas pasas	zanahorias	lentejas

- Reemplace el pan blanco con pan de grano entero y cereales. Coma arroz moreno en lugar de arroz blanco. Ejemplos de estos alimentos incluyen:

  panqués de salvado   avena   arroz moreno
  Cereales de granos múltiples, cocinados o secos
  pan de trigo completo o de grano completo

- Coma cereal de afrecho en el desayuno. Verifique en las etiquetas de los paquetes las cantidades de fibra dietética en cada marca. Algunos cereales pueden tener menos fibra de la que usted piensa.

- Añada ¼ de taza de salvado de trigo (afrecho) a alimentos tales como el cereal cocinado y la compota de manzana.

- Coma frijoles cocinados unas cuantas veces a la semana.

Una palabra de advertencia

Hacer pequeños cambios en su dieta a través de un período de tiempo le ayuda a prevenir la hinchazón, calambres y gases. Empiece añadiendo a su dieta uno de los artículos indicados arriba, luego espere varios días o incluso una semana antes de hacer otro cambio. Si un cambio parece que no le resulta, pruebe otro diferente.

Es importante beber más líquidos cuando aumenta la fibra que come. Beba por lo menos dos vasos adicionales de agua al día cuando aumenta su consumo de fibra.

Esta información le provee de un vistazo global respecto a la fibra dietética y tal vez no se aplique a todas las personas. Hable con su médico familiar para ver cuánta de esta información se aplica a usted, y para conseguir mayor información sobre el tema. En el capítulo 4 he incluido algunos consejos sobre cómo planear menús para ayudarle a aumentar su consumo de fibra al planear sus comidas.

¿Qué, respecto al pan?

A los estadounidenses les encanta el pan, el café y

los perros calientes. Sin embargo, el procesamiento del pan blanco elimina todo el afrecho y el germen, junto con aproximadamente el 80% de los nutrientes, y virtualmente toda la fibra. La harina de castilla destruye incluso más vitaminas. Se le añaden azúcar y grasas hidrogenadas, junto con vitaminas manufacturadas.

> *Estatuto perpetuo será por vuestras edades, dondequiera que habitéis, que ninguna grosura ni ninguna sangre comeréis.*
>
> LEVÍTICO 3.17

Al final lo que usted tiene es un producto que es puro almidón, despojado de la fibra y del valor nutritivo de los granos enteros. Añada agua al pan blanco, y lo que se forma es una sustancia pegajosa, como goma. ¿Es de sorprenderse que ese alimento exige el doble de tiempo para que el cuerpo lo elimine?

El romance de los Estados Unidos con los alimentos procesados, tales como panes, papas y otros granos, es una de las principales razones por las que vemos que la diabetes aumenta cada año en proporciones alarmantes.

Hoy las mejores selecciones de pan son los panes que se venden en las tiendas de alimentos saludables. Personalmente prefiero el pan Ezequiel, que está hecho de retoños de trigo, cebada y otros granos.

Recuerde que aun cuando los panes que se venden en el supermercado digan ser panes de grano entero, también contienen azúcar y grasas hidrogenadas, y son procesados de manera tal que todavía tienen un índice de glicemia considerablemente alto. Por consiguiente, si mis pacientes diabéticos piden pan, les recomiendo que coman solo una cantidad pequeña de pan de retoños, tales como el pan Ezequiel, en la mañana o en el almuerzo. A continuación consta una receta para el pan Ezequiel. Pruébela. ¡Su sabor le encantará!

> *Sé vivir humildemente, y sé tener abundancia; en todo y por todo estoy enseñado, así para estar saciado como para tener hambre, así para tener abundancia como para padecer necesidad. Todo lo puedo en Cristo que me fortalece.*
> FILIPENSES 4.12-13

UNA CURA BÍBLICA RECETA

PAN EZEQUIEL

2½ tazas de trigo entero
1½ tazas de centeno entero
½ taza de cebada
¼ taza de millo
¼ taza de lentejas
2 cucharadas de frijoles grandes norteños
(blancos, sin cocinar)
2 cucharadas de frijoles colorados (sin cocinar)
2 cucharadas de frijoles pintos (sin cocinar)

En un recipiente grande mida y combine todos los ingredientes anteriores. Esto hace 8 tazas de harina. Use cuatro tazas por porción de pan. Vierta estos ingredientes en un molino de harina y muélalos. La harina debe tener la consistencia de la harina regular. La harina gruesa puede causar problemas de digestión. Mida cuatro tazas de harina. Guarde en el congelador las otras 4 tazas de harina para usarlas en el futuro.

En un recipiente pequeño mida 1 taza de agua tibia (de 40 a 45° C). Añada al agua, revolviendo para que se disuelva, 1 cucharadita de miel y 2 cucharadas de levadura. Póngala a un lado y deje que la levadura leude por cinco a diez minutos.

En un recipiente grande para mezclar, combine lo siguiente:

Harina
¼ de taza de aceite de oliva extra virgen
½ taza de miel
1 taza de agua tibia

Añada la levadura a esta mezcla. Revuelva hasta que todo quede bien mezclado. La mezcla debe tener la consistencia de pan de maíz ligeramente pesado. Extienda parejo en una lata de 30 cm x 40 cm x 3 cm (aprox. 11" x 15" x 1"), engrasada con aceite de oliva. Deje que la mezcla crezca en un lugar abrigado por 1 hora. Hornéela a 190° C (375° F) por aproximadamente 30 minutos. Compruebe si ya está listo. El pan no debe ser esponjoso; debe tener la consistencia del pan de maíz horneado.

Si no tiene molino de harina puede ordenar la harina Ezequiel a través de algún catálogo de productos para hornear, tal como el Catálogo Baker (1-800-827-6836). Si se usan esas harinas, no obstante, la textura del pan será enteramente diferente de la receta que antecede.

Una palabra final

En resumen, la dieta apropiada sigue siendo la piedra angular para tratar la diabetes. Si usted es un diabético Tipo 1 debe evitar totalmente el azúcar y limitar dramáticamente los almidones. Limite igualmente las frutas, porque también puede elevar dramáticamente el azúcar en la sangre. Alimentos de alto contenido de fibra, tales como las leguminosas (frijoles) y hortalizas (zanahorias sin cocinar) le ayudarán a reducir el azúcar en la sangre. Los diabéticos Tipo 1 deben también evitar los jugos de frutas. Su dieta debe ser vigilada estrechamente por su médico o dietista.

Sin embargo, los diabéticos Tipo 2 se pueden beneficiar de las frutas que tienen alto contenido de fibra, tales como manzanas y peras, si se las usa conservadoramente.

El más importante consejo dietético es evitar el azúcar y limitar dramáticamente los almidones de alta densidad, incluyendo el pan, fideos, papas, maíz, arroz blanco y otros alimentos altamente procesados.

Busque la ayuda de Dios

Su Creador, el Dios de infinito poder e imaginación creativa ilimitada, es también quien le ayudará en esta vida si se lo permite. Su genio creador le rodea a usted todos los días. Dios no espera que usted sea perfecto, sino que lo reciba en su vida. ¿Ha sentido alguna vez que lo ha arruinado todo por la manera en que come y la manera en que vive? Dios está listo para perdonarle y ayudarle a hacerlo mejor. Su poder para perdonar es tan grande como su poder para amar. Nunca olvide cuánto le ama.

Hacia un nuevo estilo de vida nutritivo

Haga una lista de los cinco alimentos problemáticos según su propio índice de glicemia:

_____

_____

_____

_____

_____

Haga una lista de cinco alimentos saludables selectos que usted comerá esta semana en lugar de los anteriores:

_____

_____

_____

_____

_____

¿De qué maneras necesita usted la ayuda de Dios para cambiar sus hábitos de comidas?

_____

_____

_____

_____

_____

Escriba una oración de cura bíblica pidiéndole a Dios ayuda para hacer estos cambios.

_____

_____

_____

_____

_____

_____

_____

_____

_____

_____

Capítulo 3

Luche contra la diabetes con ejercicio

Su cuerpo, la morada del Espíritu de Dios, necesita que se lo proteja y se lo mantenga saludable. Usted debe armarse de valor y batallar continuamente contra la diabetes, porque ella puede debilitar y hacerle daño a otros órganos en su cuerpo.

No puedo martillar lo suficiente la importancia de vencer su diabetes con el ejercicio. El ejercicio rinde beneficios especiales para los diabéticos. Al ayudar a los músculos a que tomen glucosa del torrente sanguíneo y la usen como energía, el ejercicio previene la acumulación de azúcar en la sangre. Al quemar calorías, el ejercicio ayuda a controlar el peso, factor importante para vigilar la diabetes Tipo 2.

El ejercicio es extremadamente importante

para los diabéticos Tipo 1 y Tipo 2. Todos los diabéticos deben consultar con su médico antes de empezar algún programa de ejercicio físico. Empiece caminando a paso rápido tres o cuatro veces a la semana, por lo menos veinte minutos cada vez. Luego camine a un paso que sea cómodo para usted. Sin embargo, debe caminar con un paso lo suficientemente ágil como para que no pueda cantar, pero no tan rápido como para que no pueda hablar.

El siguiente es un programa de caminatas que le ayudará a empezar. No mire a la caminata como un trabajo. Más bien, véala como un tiempo especial para estar a solas con Dios, rodeado de las maravillas de su creación.

> *Bendice, alma mía, a Jehová, Y bendiga todo mi ser su santo nombre. Bendice, alma mía, a Jehová, Y no olvides ninguno de sus beneficios. Él es quien perdona todas tus iniquidades,*
> *El que sana todas tus dolencias.*
> SALMO 103.1-3

Un programa sencillo de caminata

(Nota: Cada columna indica la cantidad de minutos que debe caminar. Complete tres sesiones de ejercicios cada semana. Si halla que un patrón semanal en particular lo cansa demasiado, repítalo antes de pasar al siguiente. No tiene que completar el programa de caminata en doce semanas.)

Semana	Andar	Paso vivo	Andar	minutos
1.	5.	5.	5.	15
2.	5.	7.	5.	17
3.	5.	9.	5.	19
4.	5.	11.	5.	21
5.	5.	13.	5.	23
6.	5.	15.	5.	25
7.	5.	18.	5.	28
8.	5.	20.	5.	30
9.	5.	23.	5.	33
10.	5.	26.	5.	36
11.	5.	28.	5.	38
12.	5.	30.	5.	40

Semana 13 y siguientes: Compruebe su pulso periódicamente para ve si está ejercitándose dentro de su zona propuesta. Conforme mejore su condición física, procure hacer el ejercicio dentro del rango más alto de su zona propuesta. Gradualmente aumente el tiempo de andar a paso vivo de 30 a 60 minutos, tres o cuatro veces a la semana. Recuerde que su meta es lograr los beneficios que está buscando y disfrutar de su actividad.

También puede obtener un monitor de los latidos del corazón que se sujeta al pecho para calcular su ritmo cardíaco.

Su ritmo cardíaco predicho

Calcule su ritmo cardíaco predicho con esta fórmula:

220 menos [su edad] = _____

x ,65 = _____ x ,80 = _____

Calcule la zona propuesta para su corazón con esta fórmula:

220 menos [su edad] = _____

x ,65 = _____

[Este es su mínimo.]

220 menos [su edad] = _____

x ,80 = _____

[Este es su máximo.]

Este ejemplo puede ayudarle: Para calcular la zona propuesta del corazón para un hombre de 40 años, reste la edad (40) de 220 (220-40 = 180). Multiplique 180 por ,65 lo que da 117. Luego multiplique 180 por ,80, lo que da 144. La zona propuesta de un hombre de 40 años es entre 117 y 144 latidos por minuto.

REALIDADES REALIDADES REALIDADES REALIDADES REALIDADES REALIDADES REALIDADES

Una vez que ha determinado el rango deseable para su corazón, anote su ritmo cardíaco real después de cada sesión de caminatas u otro ejercicio.

Persista

Muchas personas encuentran que aunque es difícil empezar un programa de ejercicio, todavía más difícil es persistir. Este es un consejo: Haga de su caminata una parte vital de su día. Demasiadas personas se meten en problemas al dejar los ejercicios para cuando les sobra tiempo. Si usted espera hasta que pueda tener tiempo, probablemente nunca lo hará.

Escoja una actividad de ejercicio que en realidad le guste. Caminar es nada más que una sugerencia. ¿Ha tratado bailes de salón? ¿Caminar por el bosque? ¿Tal vez usted se ve a sí mismo en una cancha de tenis? De seguro que hay alguna actividad que a usted le gustaría probar. Ahora es el momento; pruébela. Si la disfruta, persista en ella.

> *Del fruto de la boca del hombre se llenará su vientre; Se saciará del producto de sus labios. La muerte y la vida están en poder de la lengua, Y el que la ama comerá de sus frutos.*
> PROVERBIOS 18.20-21

Además, la mayoría de las personas se sienten en calma y tienen una sensación de bienestar después de hacer ejercicio. Usted en realidad puede caminar para librarse de sus ansiedades. La gente que hace ejercicio se siente mejor respecto a sí misma, se ve mejor, se sienten con mayor energía y son más productivas en su trabajo.

Ahora, ¡tome la ofensiva!

Tome la ofensiva y siga los pasos positivos sugeridos en este capítulo. Descubrirá cuán efectiva puede ser la sabiduría de Dios tanto en el campo espiritual como natural. Dios sana de muchas maneras, sea mediante medios sobrenaturales o mediante los medios más graduales (pero igualmente divinos) de la nutrición apropiada, el ejercicio y las opciones bíblicas de la vida.

Luche contra la diabetes con ejercicio

¿Qué ejercicio está haciendo usted diariamente?

_____

_____

_____

¿Cómo está controlando el ritmo de su corazón?

_____

_____

_____

¿Cuáles son sus metas para aumentar la cantidad
de ejercicio que hace regularmente?

_____

_____

_____

¿En dónde se ve usted mismo como una persona más atlética? ¿En una cancha de tenis? ¿Montando a caballo? Escriba respecto a la persona más atlética que usted ha visto en visión como si fuera usted mismo.

_____

_____

_____

_____

_____

_____

_____

¿Qué cosas realmente maravillosas ha notado usted en cuanto a la creación divina mientras practica su caminata?

_____

_____

_____

_____

_____

_____

_____

UNA ORACIÓN DE CURA BÍBLICA PARA USTED

Señor, ayúdame a cambiar mis hábitos. Necesito tu poder y determinación cuando los míos flaquean. Dame el deseo y la motivación que necesito para triunfar. Amén.

Capítulo 4

Luche contra la diabetes con la pérdida de peso

¿**H**a estado batallando usted toda su vida por perder peso con poco o ningún éxito? Nadie tiene que decirle que muchos de los casos de diabetes están directamente relacionados con la obesidad. Determine ahora mismo que, con la ayuda de Dios, usted alcanzará su peso ideal y lo mantendrá. Tal vez usted haya tenido sobrepeso por tanto tiempo que ya se ha dado por vencido. En lo más hondo de su mente tal vez esté pensando: *Es imposible que yo pierda peso.*

La Biblia dice: «Nada hay imposible para Dios» (Lucas 1.37). Tal vez le parezca virtualmente imposible para usted

> *Si, pues, coméis o bebéis, o hacéis otra cosa, hacedlo todo para la gloria de Dios.*
> 1 CORINTIOS 10.31

solo. Pero ¡usted no está solo! Dios está de su lado, y su poder está a su disposición.

Ni siquiera trate de enfrentar este asunto usted solo. No tiene por qué hacerlo. En este momento eleve en susurro una oración junto conmigo pidiéndole a Dios que le fortalezca para superar cualquier sentido de derrota y esclavitud que la obesidad le haya causado en su vida.

Una oración de Cura Bíblica
para usted

Señor, te entrego todo este asunto del control del peso. Ayúdame a enfrentar esta cuestión en mi vida y a hallar nueva esperanza, visión fresca y victoria poderosa en ti. Tu palabra dice: «Nada hay imposible para Dios». Escojo creer tu palabra ahora mismo por sobre mis sentimientos de derrota en la arena del control del peso. Gracias por amarme tal como soy. Gracias por ayudarme a controlar mi peso para que viva una vida más larga y mejor. Amén.

Una clave poderosa para la prevención

El control del peso es una clave poderosa para la prevención de la diabetes. La diabetes Tipo 2 está directamente ligada a la obesidad y a las dietas ricas en grasas saturadas. Puesto que es mucho mejor evitar la diabetes por completo en lugar de contraer la enfermedad y después pedirle a Dios que lo cure, le recomiendo fuertemente que pierda peso, si es necesario, si lo que quiere es prevenir la diabetes. Si ya tiene diabetes Tipo 2, el control del peso es absolutamente esencial.

Su peso ideal: ¡Capte la visión!

Cierre sus ojos e imagínese a usted mismo andando con el cuerpo que Dios se propuso que usted tuviera, un cuerpo delgado. No tiene que andar buscando ropa de talla extra grande. Se mueve con agilidad y confianza, y ya no suda ni jadea al subir escaleras. Usa su traje de baño con comodidad y confianza. ¿Capta usted la visión?

A continuación hay un cuadro de pesos ideales. Busque su estatura y constitución, y anote la meta del peso en el espacio que se provee.

La meta de mi peso es _____ kilos
Mi peso en el presente es de _____ kilos
Necesito perder _____ kilos

Tabla de peso y estatura para mujeres

Estatura	Constitución pequeña	Constitución mediana	Constitución grande
1,47 m	46-55 Kg	54-60 Kg	59-65 Kg
1,50 m	47-51 Kg	55-62 Kg	60-67 Kg
1,52 m	52-57 Kg	56-63 Kg	61- 68 Kg
1,54 m	53-59 Kg	58-65 Kg	62-70 Kg
1, 57 m	54-60 Kg	59-66 Kg	64-72 Kg
1,60 m	55-62 Kg	60-67 Kg	65-74 Kg
1, 62 m	57-68 Kg	62-68 Kg	67-75 Kg
1, 65 m	58-65 Kg	63-70 Kg	68-78 Kg
1, 67 m	60-66 Kg	65-72 Kg	70-80 Kg
1,70 m	62-68 Kg	67-74 Kg	72-82 Kg
1,72 m	63-69 Kg	68-75 Kg	74-83 Kg
1,75 m	65-71 kg	70-77 kg	75-85 Kg
1,77 m	66-73 Kg	71-78 Kg	76-86 Kg
1,80 m	68-74 Kg	73-79 Kg	78- 89 Kg
1,82 m	69-76 kg	74-81 Kg	79-90 Kg

Tabla de peso y estatura para hombres

Estatura	Constitución pequeña	Constitución mediana	Constitución grande
1,58 m	64-67 Kg	66-60 Kg	69-75 Kg
1,60 m	65-68 Kg	67-72 Kg	70-76 Kg
1,62 m	66-69 Kg	68-73 Kg	71-78 Kg
1,64 m	67-70 Kg	69-74 Kg	72-80 Kg
1,67 m	68-71 Kg	70-75 Kg	73-82 Kg
1,70 m	69-72 Kg	71-77 Kg	75-84 Kg
1,72 m	70-74 Kg	72-79 Kg	76-86 Kg
1,74 m	71-76 Kg	74-80 Kg	78-88 Kg
1,77 m	72-77 Kg	75-81Kg	79-90 Kg
1,80 m	73-78 Kg	77-83 Kg	81-92 Kg
1.83 m	75-80 Kg	78-85 Kg	82-94 Kg
1,85 m	76-82 Kg	80-87 Kg	84-96 Kg
1,87 m	78-84 Kg	82-89 Kg	86-98 Kg
1,90 m	79-86 Kg	84-91 Kg	88-100 Kg
1,93 m	81-88 Kg	82-84 Kg	90-103 Kg

La fe mueve montañas

¿Le parece tener una montaña de peso adicional que perder? No se desanime. No subió de peso de la noche a la mañana, y perderlo de la noche a la mañana no es saludable. Jesucristo enseñó que cualquier montaña de esclavitud se moverá cuando se aplica la fe. Mire este versículo: «De cierto os digo, que si tuviereis fe como un grano de mostaza, diréis a este monte: Pásate de aquí allá, y se pasará; y nada os será imposible» (Mateo 17.20).

Permítame enseñarle algo en cuanto a la fe. La fe es la fuerza más poderosa del universo. Absolutamente nada es imposible para el que tiene fe. Pero escuche con toda atención: La fe no es un sentimiento o emoción. Es una elección, una decisión de creer la Palabra de Dios a pesar de lo que haya en su contra. He observado a la fe mover muchas montañas. He visto a muchas personas que dejaron sus sillas de ruedas y fueron sanadas por el poder del Espíritu Santo. No eran diferentes de usted o de mí. No tenían menos dudas ni desaliento. No tenían pensamientos más elevados ni procedían de mejores familias. Sin embargo, escogieron creerle a Dios. Es así de sencillo.

Escoja la fe y aplíquela ahora mismo a esta esclavitud.

UNA ORACIÓN DE CURA BÍBLICA
PARA USTED

*Señor Jesús, escojo creer que el poder de
la cruz es mayor que mi esclavitud a la
obesidad. Tú me amas y moriste en la
cruz para liberarme de todas mis cade-
nas. Yo, (su nombre) escojo la fe hoy
(fecha). Te doy estas (cuántas libras)
libras, mi montaña de obesidad. ¡En el
nombre de Jesús declaro victoria hoy!
Amén.*

Pasos diarios para perder peso

Como usted ya sabrá, esta cura bíblica combina la
fe en Dios con pasos prácticos. Así que, aquí está
el lado práctico: la dieta. Le recomiendo que use
las reglas de la buena nutrición para diabéticos
delineadas en los capítulos previos sobre la nutrición, y prepare una dieta diaria usando estos consejos cuando planee los menús.

Consejos para planear menús

Menú de muestra	*Menú mejorado alto en fibra*

DESAYUNO

½ taza de jugo de naranja	½ taza de jugo de naranja
1 tajada de tostada de grano entero	1 oz de fibra uno
1 cucharadita de queso crema	½ banano
1 taza de leche descremada	1 taza de leche descremada

ALMUERZO

2 oz de ensalada de pollo en 2 tajadas de pan de grano entero	2 oz de ensalada de pollo en 2 tajadas de pan de grano entero
½ taza de trozos de zanahoria	1 manzana pequeña
1 vaso de té verde endulzado con Stevia	½ taza de trozos de zanahoria
	1 vaso de té verde endulzado con Stevia

CENA

3 oz de pescado asado	3 oz de pescado asado
½ taza de brécol	½ taza de brécol
1 panecillo de grano entero	1 porción de arroz moreno
1 cucharadita de mantequilla	2 cucharaditas de mantequilla
½ taza de frutillas (fresas)	½ taza de frutillas (fresas)
1 taza de lechuga con	2 cucharaditas de salsa francesa
1 taza de lechuga romana con	2 cucharaditas de salsa france-sa
1 taza de leche descremada	1 taza de leche descremada

TENTEMPIÉS

6 oz de yogur	2 tazas de melón
1 manzana	1 manzana

Reglas sencillas

Las siguientes son reglas sencillas de dieta que siempre recomiendo a mis pacientes que necesitan perder peso.

1. Mordisquee algo durante todo el día. (Coma abundantes ensaladas y legumbres con frecuencia durante el día.)
2. Sírvase un desayuno relativamente abundante.
3. Coma tentempiés más pequeños a media mañana, a media tarde y a la noche.
4. Evite todos los alimentos de azúcar común tales como caramelos, galletas de dulce, pasteles y rosquillas de dulce. Si necesita azúcar, use Stevia o alguna forma de endulzamiento natural (que se hallan en las tiendas de alimentos naturales.)
5. Beba dos litros de agua filtrada o embotellada al día. Es mejor beber dos vasos de 8 oz 30 minutos antes de cada comida, o de uno a dos vasos de 8 oz 2½ horas después de cada comida.
6. Evite el alcohol.
7. Evite todas las comidas fritas.

8. Evite, o reduzca dramáticamente, los almidones. Los almidones incluyen el pan, las galletas de sal, pan ácimo, papas, fideos, arroz, maíz, frijoles negros, frijoles pintos y colorados. También limite su consumo de bananas.

9. Coma frutas frescas; legumbres al vapor, fritas ligeramente o crudas, carnes sin grasa, ensaladas preferiblemente con aceite de oliva extra virgen y vinagre, nueces (almendras, maní o cacahuates) y semillas.

10. Ingiera suplementos de fibra tales como Fibra Plus, Fibra Perdiem, o cualquier otra fibra sin NutraSweet o azúcar.

11. Tome 2 cucharadas de leche de magnesia cada día si está estreñido. Sin embargo, asegúrese de que está consumiendo por lo menos 35 gramos de fibra cada día y bebiendo de 2 a 3 litros de agua al día.

12. Para tentempiés, escoja barras Iron Man PR, Zone y Balance. Mi barra favorita para tentempié es la Balance de yogur de miel y maní. Se pueden comprar en las tiendas de alimentos naturales.

13. No coma nada después de la 7:00 p.m.

Empiece cada día con oración, pidiéndole a Dios éxito. Repita en voz alta los versículos bíblicos que están esparcidos en todo este librito. Adi-

> *Porque no nos ha dado Dios espíritu de cobardía, sino de poder, de amor y de dominio propio.*
>
> 2 TIMOTEO 1.7

cionalmente, planee su menú cada día y siga estas sencillas reglas adicionales. Con un poco de paciencia se hallará en buen camino para ser la persona más esbelta que se imaginó cuando cerró sus ojos, ¡la persona saludable que Dios se propuso que usted sea!

Prepare un menú de muestra

Paso 1: Empiece orando por el éxito.

Paso 2: Seleccione un versículo de victoria.

Paso 3: El menú de hoy se basa en los consejos de planeamiento de menús.

Desayuno: _____

_____

_____

Almuerzo: _____

_____

_____

Cena: _____

_____

_____

Tentempiés: _____

_____

_____

Adicionalmente, yo pondría en práctica las siguientes reglas sencillas:

❑ Mordisquee algo durante todo el día. (Coma abundantes ensaladas y legumbres con frecuencia durante el día.)

❑ Coma un desayuno relativamente abundante.

❑ Coma tentempiés más pequeños a media mañana, a media tarde y a la noche.

❑ Evite todos los alimentos de azúcar común tales como caramelos, galletas de dulce, pasteles y rosquillas de dulce.

❑ Beba dos litros de agua filtrada o embotellada al día.

Otra:_____

_____

_____

_____

_____

_____

Capítulo 5

Luche contra la diabetes con nutrientes y suplementos

A l luchar contra la diabetes descubrirá que los nutrientes también son muy útiles para controlar el azúcar en su sangre. Hay maneras creadas por Dios para que usted añada nutrientes y suplementos a su dieta y empiece a controlar sistemáticamente el azúcar en su sangre de una manera natural. La siguiente es una lista de nutrientes y suplementos que le ayudarán a luchar contra la diabetes.

Cromo. Le recomiendo que ingiera cromo. ¿Por qué? La investigación sugiere que nuestros cuerpos requieren ciertos nutrientes para la absorción normal de azúcar e insulina en la sangre. El cromo es uno de esos nutrientes. Trece de quince estudios demostraron que el suplemento de cromo resultó eficaz para mantener niveles de azúcar en la sangre con un mínimo de insulina.[1]

El cromo en forma de cromo polinicolinado en una dosis de por lo menos 200 microgramos (mcg) al día, ayuda a mejorar la tolerancia a la glucosa en diabéticos de Tipo 1 y Tipo 2. El cromo también ayuda a mejorar el procesamiento de la glucosa en las pacientes cuya intolerancia a la glucosa es un síndrome pre-diabético, así como en el procesamiento de la glucosa en las mujeres que tienen diabetes gestativa.[2]

Una deficiencia moderada de cromo es muy común en los Estados Unidos debido a que las cantidades de cromo en nuestras dietas pueden agotarse debido a la excesiva cantidad de alimentos procesados, especialmente el azúcar refinada y la harina. El cromo en realidad ayuda a aumentar la eficiencia de la insulina; permite que la insulina transporte más eficientemente la glucosa a las células.

> *No estés con los bebedores de vino, Ni con los comedores de carne; Porque el bebedor y el comilón empobrecerán, Y el sueño hará vestir vestidos rotos.*
> PROVERBIOS 23.20-21

Sin embargo, no recomiendo que los pacientes tomen cromo picolinado puesto que se lo ha conectado con daños en los cromosomas de las ratas. Recomiendo, en su lugar, cromo polinicolinado. La dosis es por lo general de 200 microgramos, dos o tres veces al día.

Protección cromada

Se ha demostrado que trazas de mineral de cromo mejoran la capacidad del cuerpo para regular el azúcar en la sangre, dice Richard A. Anderson, doctor en filosofía, que trabaja en el Centro de Investigación de Nutrición Humana del Departamento de Agricultura de los Estados Unidos, en Maryland. Menciona los siguientes alimentos que contienen trazas de cromo:

- brécol
- cereales fortificados para el desayuno
- toronja
- pavo

Usted puede aumentar su provisión de cromo comiendo estos alimentos. Una taza de brécol contiene 22 microgramos, que es el 18% del VD. («VD» se refiere a los Valores Diarios, abreviatura de las cantidades dietéticas permitidas recomendadas por la Junta de Nutrición y Alimentos que usted ve en las etiquetas). Un barquillo de 2,5 oz tiene casi 7 microgramos, que es el 6% del VD; y una porción de 3 oz de jamón de pavo tiene 10 microgramos, o sea el 8% del VD.[3]

El *ácido Alfa-lipoico* es un antioxidante muy poderoso. Se lo ha usado por muchos años en Europa para mejorar la neuropatía diabética, por lo general mediante una dosis de 300 miligramos dos o tres veces al día. El ácido lipoico también puede ayudar a reducir el azúcar en la sangre, especialmente en combinación con el cromo. Recomiendo tomar 300 miligramos de ácido lipoico dos o tres veces al día.

Sin embargo, si usted está tomando remedios para la diabetes, debe vigilar muy estrechamente el azúcar en la sangre, puesto que el ácido lipoico y el cromo pueden reducir significativamente el azúcar en la sangre. Además su médico debe vigilarlo muy de cerca.

Vitamina E. Los antioxidantes son extremadamente importantes en todos los pacientes diabéticos. La vitamina E en altas dosis (usualmente por lo menos 800 unidades internacionales) puede mejorar la tolerancia a la glucosa en la diabetes Tipo 2. En otras palabras, mejora la acción de la insulina y ayuda así a rebajar el azúcar en la sangre. La vitamina E ayudará a proteger a los diabéticos respecto al desarrollo de cataratas, así como proteger sus vasos sanguíneos de los dañinos efectos de la diabetes.

Vitamina C. La mayoría de los pacientes con diabetes también tienen bajos niveles de vitamina C. Los diabéticos tienden a tener elevados niveles de sorbitol. El sorbitol es una forma de azúcar que se puede acumular en el cuerpo y dañar así los nervios, ojos y riñones. La vitamina C también puede reducir eficazmente los niveles de sorbitol, previniendo así estas complicaciones de largo alcance.

Usted debe tomar por lo menos 2.000 miligramos de vitamina C al día. Personalmente prefiero la vitamina C efervescente conocida como Emergen C. La mayoría de los diabéticos no tienen suficiente vitamina C dentro de sus células sanguíneas puesto que se necesita insulina para ayudar a transportarla al interior de las células. Este bajo nivel de vitamina C dentro de las células de la sangre puede conducir a enfermedades vasculares y a la tendencia de hemorragias. Recomiendo tomar 1 gramo de vitamina C efervescente por lo menos dos o tres veces al día.

Magnesio. Los niveles de magnesio también tienden a ser bajos en los diabéticos. Cantidades adecuadas de magnesio pueden mejorar la producción de insulina en pacientes de avanzada edad. También pueden prevenir complicaciones diabéticas de largo alcance, tales como enfermedades del corazón o retinopatía diabética. Los diabéticos por lo general necesitan por lo menos de 700 a 800 miligramos de magnesio al día, en tanto que la Asignación Diaria Recomendada (ADR) para el magnesio en el varón adulto es solo de 350 miligramos al día.

Las mejores fuentes dietéticas de magnesio incluyen las siguientes:

- semillas y nueces
- legumbres
- granos enteros
- halibut al horno
- ostras al vapor (algunos expertos de la salud recomiendan evitar por completo las ostras)
- Legumbres de grandes hojas verde oscuro
- arroz moreno de grano largo

Si decide usar algún suplemento de magnesio, escoja entre el aspartato de magnesio, glicinato

de magnesio, taurato de magnesi
magnesio. No obstante, tomar demas
sio puede causar diarrea, así que empie
solo 400 miligramos de magnesio al día y aume
te la dosis lentamente.

Zinc. Los diabéticos por lo común tienen bajos niveles de zinc. Los diabéticos Tipo 2 tienden a perder zinc en la orina. El zinc es muy importante en la síntesis de la insulina. El zinc, así como el magnesio, se lo halla también en las nueces, semillas, legumbres y granos enteros. Sin embargo, uno debe tomar por lo menos 30 miligramos de zinc al día. Esto debe balancearse con por lo menos 2-3 miligramos de cobre al día.

Un suplemento multivitamínico tolerante tal como Teragram-M contendrá dosis adecuadas de estas vitaminas y minerales, incluyendo magnesio, zinc y cobre.

Niacina. La niacina en forma de niacinamida puede ser benéfica en diabetes Tipo 1 si la enfermedad se descubre a tiempo. Esta vitamina B puede ayudar a restaurar las células que producen insulina en el páncreas, que son las células beta. Una buena dosis es aproximadamente 500 miligramos en los adultos con diabetes Tipo 1. Sin embargo, usted debe pedir al médico que le exanine las funciones del hígado por lo menos una vez cada tres meses mientras está usando niacina.

Los pacientes con diabetes Tipo 2 (que no es dependiente de la insulina) pueden beneficiarse de dosis más pequeñas de niacina, tal como de 250 a 500 miligramos al día. Dosis más altas de niacina, tales como de 2 a 3 gramos al día, pueden en realidad elevar el azúcar en la sangre en los pacientes con diabetes Tipo 2.

Vitamina B_6. La vitamina B_6 puede prevenir la neuropatía diabética. Si usted recuerda lo que dijimos anteriormente, la neuropatía diabética produce sensación de hormigueo, adormecimiento, dolor, debilidad muscular y a la larga la pérdida de la función de las extremidades debido a que la diabetes afecta por largo tiempo a los nervios periféricos. Una dosis de 50-100 miligramos al día de vitamina B_6 ayuda a prevenir la neuropatía diabética. También la vitamina B_6 ayuda a que el magnesio penetre en la célula en donde puede ayudar a prevenir las enfermedades del corazón y la retinopatía diabética en los pacientes diabéticos. La vitamina B_{12} también puede ser beneficiosa para tratar la neuropatía diabética cuando se la toma en dosis de 1.000 microgramos al día.

Biotina. La biotina es otra vitamina B que se

El *quercetín* es un bioflavonoide que también puede reducir el riesgo de la retinopatía y de las cataratas diabéticas. Aproximadamente 1 gramo de quercetín al día demostrará ser benéfico.

El *extracto de semillas de uvas* es otro bioflavonoide similar al quercetín que puede fortalecer los vasos sanguíneos más pequeños de la retina y prevenir así la retinopatía diabética. Recomiendo 50 miligramos de extracto de semillas de uvas o de corteza de pino de dos a cuatro veces al día.

El *ginkgo biloba* mejora el flujo de la sangre al cerebro tanto como a los brazos, dedos, piernas y dedos de los pies. Las enfermedades vasculares periféricas (en donde la provisión de sangre a las extremidades inferiores es menor de la normal) son muy comunes en los diabéticos enfermos por largo tiempo, de modo que mejorar el flujo de la sangre en estos pacientes es vital. Recomiendo 100 miligramos de ginkgo biloba, tres veces al día, a fin de mejorar el flujo de la sangre.

El *melón amargo* es una fruta que se halla en América del Sur, África y Asia, y es muy eficaz para disminuir el azúcar en la sangre cuando se lo toma en forma de jugo fresco. No obstante, el jugo es extremadamente amargo; muy pocos pacientes pueden tomarlo consistentemente. Elevadas dosis de jugo de melón amargo pueden también causar diarrea y dolor abdominal. Por lo general 2 onzas de jugo de melón amargo al día son suficientes.

Como usted habrá observado, hay muchos nutrientes y suplementos que pueden ayudarle eficazmente a luchar contra la diabetes. Consulte regularmente con su médico y use estas vitaminas y nutrientes según él se los recomiende. Dios ha creado estas maravillosas sustancias naturales para darnos poder para mantener buena salud y superar los efectos debilitantes de la diabetes.

Pruebe un suplemento tolerante

Si usted es como muchas personas, tratar de llevar cuenta de todas estas vitaminas y minerales le puede parecer abrumador. No se preocupe demasiado. Muchas de las vitaminas y minerales mencionados arriba se pueden tomar en un suplemento multivitamínico y mineral. También puede hallar un buen suplemento en cualquier tienda de alimentos naturales. En la parte posterior de este libro también menciono la marca que yo recomiendo. Le animo a que incluya también un suplemento de antioxidantes. Verifique la etiqueta para asegurarse de que tiene lo siguiente:

- Por lo menos 400 mg de magnesio
- 1.000 mcg de B_{12}
- 100 mg de B_6
- de 20 a 30 mg de zinc
- 800 UI de vitamina natural E
- 1.000 mg de vitamina C (también recomiendo la forma en polvo efervescente, tal como Emergen-C).

Nota final

Cuando mis pacientes con diabetes Tipo 2 siguen este programa y vigilan el azúcar en su sangre, por lo general hallan que el azúcar en su sangre baja a niveles dentro del rango normal en unos pocos meses. Hasta que reciban sanidad completa de Dios, mis pacientes diabéticos Tipo 1 siempre estarán usando insulina. Sin embargo, muchas veces pueden reducir su dosis de insulina al seguir las medidas contenidas en este librito.

Cómo luchar contra la diabetes con nutrientes y suplementos

Verifique cuáles de los siguientes nutrientes y suplementos está tomando actualmente. Encierre en un círculo los que debe preguntarle a su médico en cuanto a tomarlos.

❏ Cromo polinicolinado (200 mcg, 2-3 veces al día)

❏ Ácido alfa-lipoico (300 mg, 2-3 veces al día)

❏ Vitamina E (800 UI, variedades tocoferoles o naturales mezcladas diariamente, evite las formas sintéticas)

❏ Vitamina C (2.000 mg diariamente)

❏ Zinc (30 mg al día, balanceado con por lo menos 2-3 mg de cobre diariamente)

- ❏ Vitamina B_6 (50-100 mg al día)

- ❏ Vitamina B_{12} (1.000 mcg al día)

- ❏ Biotina (8-16 mg al día, mientas se vigila estrechamente los niveles de azúcar en la sangre)

- ❏ AGL (240 mg al día)

- ❏ Gimnema silvestre (400 mg al día)

- ❏ Bilberry (80 mg, 3 veces al día)

- ❏ Quercetín (1 g al día)

- ❏ Extracto de semilla de uvas o de corteza de pino (50 mg, 2-4 veces al día)

- ❏ Ginkgo biloba (100 mg, 3 veces al día)

- ❏ Melón amargo (2 oz. al día)

- ❏ Niacina (250-500 mg al día mientras se examina por lo menos una vez cada tres meses el funcionamiento del hígado.

Cómo ganar la batalla contra la diabetes

¿Qué almidones ha reducido o eliminado usted de su dieta?

_____

_____

_____

¿Qué frutas come usted?

_____

_____

_____

¿Cuáles productos naturales para endulzar usa usted?

_____

_____

_____

Haga una lista de las vitaminas, minerales y suplementos que está tomando.

_____

_____

_____

_____

_____

_____

_____

_____

Describa su forma regular de ejercicio.

_____

_____

_____

_____

_____

_____

_____

_____

_____

Conclusión

La diabetes, aun cuando es una enfermedad muy complicada, no es una sentencia sin esperanza a sufrir toda la vida del deterioro de la salud y la vitalidad. Dios ha provisto muchos medios naturales mediante los alimentos que comemos, suplementos, vitaminas y ejercicios para luchar contra la diabetes. Usted tiene la capacidad de controlar y bajar de peso, que es un factor clave para vencer a la diabetes Tipo 2, al seguir el Plan equilibrado Carbo-proteína-grasa, que se bosqueja en el Apéndice. Mediante la oración, la Biblia y la aplicación sabia de la cura bíblica para la diabetes, usted puede eficazmente luchar contra la diabetes, y vivir una vida larga y productiva, sirviendo, adorando y glorificando a Dios.

Una oración de Cura Bíblica
PARA USTED

Padre celestial, ayúdame a aplicar en mi batalla contra la diabetes estas cosas que he aprendido. Ayúdame a comer sabiamente y a obtener mi peso ideal. Muéstrame cuáles vitaminas, minerales y suplementos me ayudarán mejor a que mi cuerpo luche contra la diabetes. Sana mi cuerpo para que produzca insulina y entonces pueda ser usada por mis células de una manera saludable. Fortalece mi resolución para hacer ejercicio regularmente. Gracias por haberme hecho tan maravillosamente. Consérvame en tu salud divina para que pueda vivir una vida larga y productiva, sirviéndote. Amén.

Apéndice A

Plan balanceado
Carbo-proteína-grasa

No hay dieta perfecta para todo el mundo. Un régimen que es saludable para un individuo puede ser realmente dañino para otro por causa de alergias a alimentos, sensibilidad a alimentos, trastornos gastrointestinales, tipo de sangre y otros factores.

La dieta de la mayoría de las personas en los Estados Unidos contiene excesivas cantidades de grasa, azúcar, sal y almidón, y adolece de una falta significativa de fibra. La clave para un estilo de vida final se halla en comer primordialmente frutas, legumbres, granos enteros, nueces, semillas, frijoles, hortalizas y carnes bajas en grasa.

Evite el azúcar y harina refinadas; evite las grasas, incluyendo las hidrogenadas, saturadas y grasas poli-insaturadas procesadas al calor tales como las carnes de embutidos, carnes curadas y chorizo; y evite alimentos de alto contenido de sal. También limite su ingestión de carne roja, escogiendo los cortes que contengan la menor grasa posible.

El plan nutritivo I que recomiendo a mis pacientes es el Plan Balanceado Carbo-proteína-graso. Así es como funciona. Cada vez que usted come debe combinar alimentos en una proporción de 40% de carbohidratos, 30% de proteínas y 30% de grasas.

Este programa balancea la proporción correcta de carbohidratos, proteínas y grasas, por consiguiente controlando la insulina.

Los niveles elevados de insulina reducen el desempeño físico y son uno de los indicadores primordiales que se usan para evaluar el riesgo que corre una persona de desarrollar enfermedades cardíacas. Para simplificar este programa, indicaré una lista de categorías y bloques de alimentos, y entonces demostraré cómo usar los bloques durante el día. Veamos algunas comparaciones.

- Un bloque de proteína es igual a 7 gramos de proteína, lo que equivale aproximadamente a 1 oz de carne, tales como de res, pechuga de pollo, pechuga de pavo, etc.

- Un bloque de carbohidratos es igual a 9 gramos de carbohidratos, lo que equivale a ½ rebanada de pan, ¼ de panecillo ácimo, 1/5 de taza de arroz, 1/3 de banano, ½ manzana, o ¼ de taza de fideos. Más adelante explicaré esto con mayor detalle.

- Un bloque de grasa es igual a 1½ gramos de grasa, lo que equivale a 1/3 cucharadita de aceite de oliva, 6 maníes, 3 almendras, 1 cucharadita de aguacate, etc.

Usted deberá comer porciones mucho más grandes que cada bloque individual de alimentos. De hecho, la mujer sedentaria promedio comerá tres bloques de alimentos en cada comida más un bloque de alimentos a media mañana, un bloque de alimentos a media tarde, y un bloque de alimentos al irse a la cama. Una mujer activa que hace ejercicio tres o cuatro veces a la semana por lo menos por treinta minutos cada vez, puede tener cuatro bloques de alimentos con cada comida y uno entre comidas y al irse a la cama.

Un hombre sedentario puede tener cuatro bloques de alimentos en cada comida y uno entre comidas y al irse a la cama, mientras que el hombre activo, que hace ejercicio tres o cuatro veces a la semana, puede tener cinco o seis bloques de alimentos en cada comida y un bloque de alimentos entre comidas y al irse a la cama.

Consideremos los diferentes bloques de alimentos, empezando con la proteína.

Bloques de proteína

(Aproximadamente 7 gramos de proteína por cada bloque)

Carnes

Una onza de pechuga de pollo sin piel, pechuga de pavo sin piel o de pollo magro. O 1 onza de carne oscura de pavo sin piel, carne oscura de pollo sin piel, carne molida con menos del 10% de grasa, chuletas magras (sin grasa) de cerdo, jamón magro, tocino canadiense magro, cordero magro o ternera. Nota: No recomiendo comer cerdo y jamón regularmente. Si un individuo tiene una enfermedad degenerativa debe evitar estas carnes completamente.

Pescado

Coma ½ oz de lo siguiente:

Salmón	Macarela
Rofy naranja	Pargo rojo
Lenguado	Maji-maji
Trucha	Halibut
Mero	

Huevos, productos lácteos y proteína de soya

Huevos: un huevo entero o tres claras
Productos lácteos: 1 oz de queso descremado, ¼ taza de requesón descremado.
Proteína de soya: 1/3 oz de polvo de proteína, ¼ de carne molida de soya, 3 oz de tofu.

Bloques de carbohidratos

(Aproximadamente 9 gramos de carbohidratos por cada bloque)

Fruta

1 mandarina, limón, lima, kiwi o durazno
½ manzana, naranja, toronja, pera o nectarina
1/3 banano
1 taza de frutillas (fresas), frambuesas
1/3 taza de trozos de sandía, trozos de cantalupe
½ taza de trozos de melón, moras, cerezas,
arándanos, uvas, piña en trozos, papaya
1/3 taza de compota de manzana, mango

Jugo

¼ taza de uva, piña
1/3 taza de manzana, toronja, naranja, limón
¾ taza de V8

Legumbres y verduras cocinadas

1/8 taza de frijoles al horno
1/5 taza de camotes o papas majadas
¼ taza de lentejas, frijoles colorados, frijoles
negros, habichuelas, frijoles pintos, frijoles
refritos, maíz
1/3 taza de guisantes (arvejas), papa al horno
1 taza de espárragos, vainitas, zanahorias
1¼ taza de brécol, espinaca, calabaza
1 1/3 taza de col (repollo)
1½ taza de calabacín, col de Bruselas, berenjena

1¾ taza de hojas de nabos
2 tazas de coliflor, verduras

Legumbres y verduras crudas
1 pepinillo
2 tomates
1 taza de cebollas (picadas), guisantes (arvejas)
tiernos
1½ taza de brécol
2 tazas de coliflor
1½ tazas de apio, pimientos verdes (picados)
2 tazas de col (repollo), hongos (picados)
4 tazas de lechuga romana (picada), pepinillo
(en tajadas)
6 tazas de espinaca

Granos
1/5 oz de arroz moreno o blanco
1/5 taza de fideos cocinados
1/3 de taza de avena cocinada (o ½ oz seca)
o sémola
¼ panecillo ácimo, panecillo inglés
½ galleta de sal, gofre, o ½ panqué de 10 cm.
tortilla mexicana de harina
½ oz de cereal seco
1 torta de arroz o tortilla mexicana de maíz
4 galletas de sal

Artículos de alto contenido de azúcar
½ cucharadita de miel o melaza
2 cucharadas de almíbar de maple
2 cucharaditas de salsa de tomate, jalea
(escoja jalea de fructosa)

Bloques de grasa

1/3 de cucharada de mantequilla de almendra,
aceite de oliva, aceite de linaza
1/3 cucharada de mantequilla de maní natural
1 cucharada de salsa de aceite de oliva y vinagre,
mayonesa descremada, nueces trituradas
1 cucharadita de aguacate, guacamole
1 nuez entera de macadán
1½ cucharadas de almendras (en tajadas)
3 almendras, aceitunas, pistachos, anacardos
6 maníes

REALIDADES REALIDADES REALIDADES REALIDADES REALIDADES REALIDADES REALIDADES

Lo básico

Un ejemplo de comida con cuatro bloques de alimentos incluiría 4 oz de pollo (que es igual a cuatro bloques de proteínas); 1 taza de espárragos
cocinados, 1 cabeza de lechuga y 1 taza de frijoles
colorados (que juntos son igual a cuatro bloques
de carbohidratos); 1 cucharada de salsa de aceite
de oliva y vinagre (igual a cuatro bloques de grasa).

Para simplificar incluso más este plan de comida, imagínese la palma de su mano e imagínese

poniendo una pieza de proteína (tal como una presa de pollo, pavo, pescado o carne roja magra) del tamaño de su palma. Luego ahueque sus manos e imagínese poniendo allí la cantidad de legumbres, verduras o fruta que usted podría sostener allí. Debe añadir 12 almendras, 12 anacardos, 12 pistachos o 24 maníes (cacahuates). Allí tiene los ingredientes para su comida saludable.

Es mejor limitar dramáticamente los almidones, que incluyen el pan, panecillos ácimos, galletas de sal, fideos, arroz, rosquillas de sal, palomitas de maíz (canguil), frijoles, cereales, maíz, papas, papas fritas, tortillas mexicanas fritas, y otros artículos de almidón. Recomiendo mordisquear todo el día, comiendo un desayuno relativamente abundante, almuerzo y cena, y tentempiés más pequeños a media mañana, a media tarde y a la noche. Coma su comida nocturna antes de la 7 p.m.

Los que padecen de enfermedades degenerativas tales como enfermedades del corazón, alta presión arterial, alto colesterol, diabetes, hipoglicemia, cáncer o pacientes que desean salud óptima, deben seguir al dedillo el programa del Plan Carbo-proteína-grasa balanceado.

Si el programa del Plan Carbo-proteína-grasa

balanceado le parece muy complicado, sencillamente siga estas instrucciones básicas:

1. Reduzca la cantidad de alimentos de alto
   contenido de almidón, incluyendo el pan,
   galletas de sal, panecillos ácimos, rosquillas
   de sal, maíz, palomitas de maíz (canguil),
   papas, camotes, papas, papas fritas, fideos,
   arroz, frijoles y bananas. Mejor todavía, eli-
   mínelos por completo.
2. Evite todos los alimentos de azúcar común
   tales como caramelos, galletas de dulce,
   pasteles, tartas y rosquillas de dulce. Si debe
   tener azúcar use Sweet Balance o Stevia, un
   producto para endulzar hecho de kiwi.
   Escoja fruta en lugar de jugos de fruta.
3. Aumente su ingestión de legumbres y verduras sin almidón, tales como espinaca, lechuga, col (repollo), brécol, espárragos,
   vainitas y coliflor.
4. Escoja proteínas saludables tales como pechuga de pavo, pechuga de pollo, pescado,
   carne magra, requesón descremado y cosas
   por el estilo. Seleccione grasas saludables
   tales como las nueces, semillas, aceite de linaza, aceite de oliva extra virgen o pequeñas

cantidades de mantequilla orgánica. Use aceite de oliva extra virgen y vinagre para sazonar las ensaladas. En lugar de grasas poli-insaturadas, saturadas o hidrogenadas, escoja las grasas saludables que hemos indicado.

5. Coma tres comidas al día consistentes de fruta, legumbres o verduras sin almidón, carne magra y grasa buena. También debe comer tentempiés saludables a media mañana, a media tarde y a la noche.

Estoy convencido que al seguir estas pautas usted experimentará un aumento de energía y mejor salud.

Notas

PREFACIO
HAY ESPERANZA PARA LA DIABETES

1. M. Sommers, S. Johnson, et. al. *Davis´s Manual of Nursing Therapeutics for Diseases and Disorders* [Manual Davis de cuidado terapéutico para enfermedades y desórdenes] F. A. Davis Co., n.l., 1997, p. 332.

CAPÍTULO 1
CONOZCA A SU ENEMIGO

1. M. Sommers, S. Johnson, et. al. *Davis´s Manual of Nursing Therapeutics for Diseases and Disorders* [Manual Davis de cuidado terapéutico para enfermedades y desórdenes], p. 332.

2. Grupo Nacional de Información de Diabetes, Institutos Nacionales de Salud, *Diabetes in America* [Diabetes en los Estados Unidos], 2ª edición, Institutos Nacionales de Salud, Bethesda, MD, 1995.

CAPÍTULO 2
LUCHE CONTRA LA DIABETES CON
UNA BUENA NUTRICIÓN

1. Estadísticas obtenidas en 1999 en el sitio de la Internet www.4BetterHealth.com

CAPÍTULO 5
LUCHE CONTRA LA DIABETES CON NUTRIENTES Y SUPLEMENTOS

1. Walter Mertz, «Chromium in Human Nutrition: A Review», *Journal of Nutrition 123* [«El cromo en la nutrición humana: Revisión», Jornal de nutrición 123], 1993, pp. 626-633.
2. G. W. Evans, «The Effect of Chromium Picolinate on Insulin Control Parameters in Humans», *International Journal of Biosocial Medical Research II* [«Efecto del picolinato de cromo sobre los parámetros del control de la insulina de los humanos», Jornal internacional de investigación médica biosocial II], 1989, pp. 163-180.
3. Adaptado de Selene Yeager, *New Foods for Healing* [Nuevos alimentos para curación], Rodale Press, Inc., Emmaus, PA, 1998, p. 186.